LETTRES
PATENTES
EN FORME D'EDIT

Portant confirmation des Anciens Privileges du Grand-Hôpital & Hôtel-Dieu de la Ville de Lyon, & augmentation d'iceux.

A LYON,

Chez la Veuve GOY, ruë Grôlée, au Fleuve du Jourdain, proche la petite Porte de la Boucherie de l'Hôtel-Dieu.

ces affaires que l'on peut poursui-
vre devant un seul et même
Juge Contre plusieurs parties
domiciliées dans differentes Juris
dictions sont

l'administration d'une tutele
la Communauté d'une heredité
entre plusieurs heritiers

la Communauté ou la Communi
cation réelle et effective de Chose
particuliere sans Société
l'aquisition de l'heredité d'un
deffunt

l'evocation litispendance et Conn
exité

La garantie Simple ou formelle
enfin la reddition des Comptes
        ubi de vatiocinzis tam publi cis quod.
Les Comptes d'une administration doiv
ent etre vendus par devant le Juge du
lieu où l'administration a été faite par
ce qu'ils regardent plustot la Chose admini
strées que la personne qui qu'elle y soit
obligée personnellement la raison de
sa gestion et partant si le tuteur ou le Cur
ateur ou tout autre administrateur des affai
res d'autrui a administré hors le lieu de son
domicile il peut etre poursuivi par devant
le Juge du lieu où il a administré pour ven
ir Compte de son administration, la rais
et que en Ce lieu il peut plus facilement
Justifier l'equité de sa Conduite et de son adm
inistration par des titres et par d'autres preuves
que dans aucun autre lieu de sorte qu'il ne veut
pas decliner la Jurisdiction d'icelui sus prétexte de

L'ETTRES PATENTES EN FORME D'EDIT

portant confirmation des Anciens Privileges du Grand Hôpital & Hôtel-Dieu de la Ville de Lyon, & augmentation d'iceux.

Ouis PAR LA GRACE DE DIEU ROY DE FRANCE ET DE NAVARRE, A tous presens & avenir, Salut. Les Hôpitaux de nôtre Royaume étant d'une necessité absolüe pour le soulagement de nos sujets, il est de nôtre devoir & de nôtre Charité de leur donner une protection singuliere sur tout à l'Hôpital General où Grand Hôpital de nôtre Dame de Pitié du Pont du Rhône de nôtre bonne Ville de Lyon, appellé l'Hôtel-Dieu fondé par les Roys nos predecesseurs & le plus ancien des Hôpitaux de France, où non-seulement les Pauvres malades de nos Provinces & toutes sortes d'Enfans exposez trouvent un azile assuré; Mais ou sont encore reçû les Pauvres de toutes les Nations du monde, & qui a fourni dans tous les tems des secours si efficaces aux Soldats blessez des armées d'Italie & de Catalogne, jusque-là qu'il a été reconnû qu'on y avoit reçû pendant les dernieres guerres près de vingt-cinq mille Soldats malades. Les avantages infinis que retire le Public d'un si celebre Hôpital avoient obligé le feu Roy de glorieuse memoire nôtre très-honoré Seigneur & Bisayeul, en s'en déclarant le conservateur & le protecteur, de le confirmer par ses Lettres Patentes du mois de Decembre 1698. dans tous ses anciens Privileges, & de luy en attribuer encore de nouveaux proportionnés à

ſes beſoins qui augmentent chaque jour & qui ſont infiniment mul-
tipliés par le malheur des tems, ainſi que nous en avons été informez
par les remontrances des Directeurs & Adminiſtrateurs dudit Hôpital, leſquels nous ont en outre porté leurs plaintes ſur les difficultez continuelles que font naître les prepoſez à la levée des Peages,
Octroys & autres droits impoſez en faveur des états de la Province
de Bourgogne où de quelques Seigneurs particuliers, ſur les mar-
chandiſes, proviſions & danrées qui ſe voiturent ſoit par Terre ou
par Eau & dans toute l'étenduë des Rivieres de la Saône & du
Rhône, leſquelles difficultez ont juſqu'icy rendu comme inutiles
les Privileges dudit Hôpital, & éludé les bonnes intentions de
nôtre très-honoré Seigneur & Biſaycul qui avoit preciſément mar-
qué par ſes Lettres Patentes du mois de Decembre 1698. qu'il
entendoit & vouloit que ledit Hôpital joüit des mêmes Privileges dont joüiſſent la plus grande partie des Hôpitaux de nôtre Royaume & particulierement ceux de nôtre bonne Ville de Paris &
celuy de l'aumône Generale de Lyon, leſquels ont toûjours joüi
paiſiblement de toutes ſortes d'exemptions. Les Recteurs & Adminiſtrateurs nous ont encore très-humblement répreſenté que la
miſere & les neceſſitez Publiques en arrêtant le cours ordinaire
des Charitez & des Aumônes particulieres rempliſſent de Pauvres
ledit Hôpital, en augmentent conſiderablement la depenſe, & en
diminüent a proportion les revenus, de maniere que cette maiſon qui ne ſubſiſte depuis long-temps que par les groſſes avances
des Adminiſtrateurs & qui depenſe depuis cinq ou ſix ans chaque
année près de deux cent mille livres au de-là de ſes revenus, tom-
bera à la fin ſi on n'apporte un prompt remede à un mal qui em-
pire tous les jours, & qui eſt cauſe qu'on ne trouve plus qu'avec
des peines infinies des gens qui veüillent ſe charger de l'Adminiſtration dudit Hôpital, qu'il eſt même a craindre qu'on n'en
trouve plus à l'avenir, qu'il y auroit pourtant deux moyens pour le
rétablir, dont l'un ſeroit d'exciter les Citoyens de nôtre Ville de
Lyon à ſe charger du ſoin dudit Hôpital en leur accordant quelques Privileges ſpecieux dont la durée n'excederoit pas celle de
leur adminiſtration, & l'autre de faciliter aux Pauvres la vente
de pluſieurs immeubles ſoit à la Ville où à la Campagne qui leur
ſont a charge pour être trop éloignez, ou parce que les revenus
de la plûpart de ces Héritages peuvent a peine ſuffire à les entre-

tenir de reparations necessaires , & lesquels on ne laisseroit pas de
vendre avantageusement si les acquereurs ne craignoient d'être re-
cherchez pour le droit du huitiéme ou sixiéme denier , auquel
sont sujets les biens alienez des Hôpitaux ; que ce seroit encore
un soulagement pour les Pauvres si nous voulions les faire joüir
de l'ancien franc salé que les Roys nos predecesseurs leur ont ac-
cordé & le leur faire délivrer en essence sans payer aucun droit
soit pour augmentation ou autrement sous quelques pretextes que
ce soit, A ces Causes après avoir fait examiner en nôtre
Conseil les Edits & Declarations accordez audit Hôpital par les
Roys nos predecesseurs , notamment les Lettres Patentes de François premier du 25. Fevrier 1530. confirmées avec augmentation
par celles du mois de Decembre 1698. du feu Roy nôtre très-
honoré Seigneur & Bisayeul & par l'Arrêt de son Conseil du 27.
Avril 1700. de l'avis de nôtre très Cher & très Amé Oncle le
Duc d'Orleans Regent , & de nôtre très cher & très amé Cousin le
Duc de Bourbon, & de nôtre très cher & très amé Oncle le Duc
Dumaine , de nôtre très cher & très amé Oncle le Comte de Tou-
louze , & autres Grands & Notables personnages de nôtre Royaume,
& de nôtre certaine science , pleine puissance & autorité Royalle ,
avons par ces presentes Signées de nôtre main , confirmé & confirmons audit Grand-Hôpital ou Grand Hotel-Dieu de Lyon, tous
les droits , Privileges, franchises, libertez & immunitez que les
Roys nos predecesseurs luy ont accordez , maintenu & maintenons
les Recteurs & Administrateurs d'iceluy en la forme & usage de
leur Administration , & desirant augmenter lesdits droits & Privileges, les expliquer & interpreter en tant que de besoin seroit,nous
avons statué & ordonné , voulons & nous plait.

Confirmation
des Anciens
Privileges.

ARTICLE PREMIER.

Estre a l'exemple de nôtre tres - honoré Seigneur & Bisayeul le
feu Roy Loüis XIV. de glorieuse memoire , conservateur & protecteur dudit Hôpital , & lieux qui en dependent comme étant de
fondation Royalle , & qu'il ne depende aucunement de nôtre
grand Aumônier, n'y d'aucuns de nos Officiers. Mais qu'il soit ab-
solument exempt de la superiorité, visite & jurisdiction des Officiers
de la generale reformation & aussi de la grande Aumônerie , & de

A iij

6

tous autres aufquels nous interdifons toute connoiffance & jurifdiction.

II.

Permetons aux Directeurs & Adminiftrateurs dudit Hôpital
de recevoir tous dons, legs, & gratifications, a titre particulier où
univerfel, foit par Teftaments, Donnations entre vifs où a caufe de
mort, où par quelque autre acte que ce foit, & d'en faire les ac-
ceptations, recouvremens & pourfuites neceffaires.

III.

Declarons appartenir audit Hôpital à l'exclufion des Collate-
reaux, les meubles des incurables qui y decederont, & les biens
qu'ils y auront acquis par leur travail, & quant aux autres biens qui
pourront leur arriver d'ailleurs lefdits incurables en pourront difpofer comme bon leur femblera en s'en refervant neantmoins l'ufu-
fruit leur vie durant.

IV.

Permetons auffi aufdits Adminiftrateurs d'acquerir, échanger,
vendre où aliener, tous heritages tant fiefs que rotures où franc
aleu avec ledroits de juftice, jurifdictions, cenfives où autres en
quelque lieu où de quelque qualité qu'ils puiffent être, rentes fon-
cieres & conftituées, acquerir de nôtre domaine ou de quelques
perfonnes que ce foit, donner & difpofer de tous les biens meubles & immeubles dudit Hôpital, felon qu'ils jugeront à propos pour
le plus grand avantage d'iceluy, en prenant neantmoins le con-
fentement des Prévôt des Marchands & Efchevins de la Ville de
Lyon Recteurs Primitifs dudit Hôpital en la maniere accoûtumée.

V.

Exemption du 6. & 8. denier. Et pour faciliter la vente des biens immeubles des Pauvres dudit
Hôpital, Nous les avons déchargez & déchargeons purement &
fimplement, enfemble ceux qui les auront acquis defdits Adminiftrateurs, & qui s'en trouveront proprietaires a l'advenir, de toutes
recherches & taxes du huitiéme & fixiéme denier, & generalement
de toutes autres qui pourront être impofées fous quelque titre &

pretexte que ce puiſſe être, ſur les poſſeſſeurs des biens alienez par des Hôpitaux, gens d'Egliſe & communautez Eccleſiaſtiques, & Seculieres, comme auſſi des droits de lods & ventes, & autres droits Seigneuriaux à nous dûs a cauſe deſdites ventes pour raiſon des fonds, Maiſons, Terres & Héritages qui peuvent être dans nôtre cenſive & mouvance, & même des droits d'indemnité & d'amortiſſement a l'égard des Communautez, ſoit Seculieres ou Eccleſiaſtiques qui pourroient acquerir leſdits fonds & maiſons, de tous leſquels droits nous avons fait don audit Hôpital de Lyon, ſans pouvoir donner atteinte a la diſpoſition du preſent article, quoy qu'il fut porté par les Edits & Declarations que les droits de huitiéme & ſixiéme denier ſeroint payez par les privilegiez & non privilegiez, exempts & non exempts, à quoy pour ce regard nous avons derogé & derogeons en faveur dudit Hôpital, & de ceux qui acquerront dans la ſuite des immeubles ſoit à la Ville, où a la Campagne dependans dudit Hôpital.

V I.

Enjoignons aux Greffiers de toutes les Juſtices & Juriſdictions ordinaires & extraordinaires, Royalles & autres d'envoyer au Bureau les Extraits des Jugemens, Sentences & autres ou il y aura adjudication d'amande où aumône où quelque application au profit dudit Hôpital où des Pauvres & de les delivrer gratuitement a peine d'en repondre par les refuſans ou negligeans en leurs propres & privez noms, & de tous depens dommages & interêts. Les Notaires & autres qui auront reçûs des Teſtamens & autres actes ou il y aura des legs, en envoyeront pareillement des Extraits au Bureau, ſous pareilles peines, aprés l'ouverture deſdits Teſtamens & Actes.

V I I.

Pourront les Prêtres qui ſeront Commis audit Hôpital, recevoir les Teſtamens des Pauvres malades, incurables, ſerviteurs & domeſtiques en y obſervant neantmoins les formalitez ordinaires.

VIII.

Deffendons a tous Notaires, Huiſſiers & Sergens de ſigniffier aucuns Actes ou faire aucuns Exploits concernant ledit Hôpital ail-

leurs qu'au Bureau d'iceluy avec deffenſes de les faire aux Adminiſtrateurs en particulier ny en leurs maiſons a peine de nullité.

IX.

Deffendons a tous Salpetriers d'entrer dans les maiſons, fermes
& lieux dudit Hôpital pour y chercher du ſalpetre ſans une permiſ-
ſion expreſſe deſdits Adminiſtrateurs a peine de punition corpo-
relle.

X.

Confirmons aux Recteurs & Adminiſtrateurs dudit Hôpital leur
uſage d'adopter les Enfans orphelins des Pauvres Habitans de ladite
Ville juſqu'à l'âge de ſept ans, Voulons que ledit uſage ſoit ſuivy
& obſervé, & qu'ils ayent ſur leſdits Enfans adoptifs tous les droits
& effets de la puiſſance paternelle. Les maintenons dans le droit
d'uſufruit au profit dudit Hôpital pendant qu'ils ſeront ſous leur
charge & adminiſtration, comme auſſi du droit de ſucceder par
ledit Hôpital auſdits adoptifs a deffaut de freres ou ſœurs, & même a l'excluſion des freres & ſœurs qui en majorité auroient aban-
donnez ou laiſſez recevoir leſdits adoptifs par les Adminiſtrateurs,
voulons en outre qu'au cas que leſdits adoptifs ayent des freres &
des ſœurs ledit Hôpital leur ſuccede pour la part & portion d'un
frere où ſœur ſeulement, & venant leſdits adoptifs a deceder après
ladite adminiſtration finie ſans avoir Enfans freres n'y ſœurs &
ſans teſter que ledit Hôpital leur ſuccede pour la part & portion d'un des heritiers ſeulement & privativement a tous autres
Parens.

XI.

Et ou lors des adoptions ceux qui auront repreſentez les adoptifs ſe trouveront avoir celé par intelligence où autrement qu'ils
euſſent des Parens capables de leur éducation où adminiſtration.
Voulons qu'il ſoit pourveu à la décharge dudit Hôpital & deſdits
Recteurs ainſi qu'il appartiendra ſuivant les circonſtances & exi-
gences des cas par nôtre Sénéchal de Lyon où ſon Lieutenant.

XII.

Permetons aux Adminiſtrateurs d'avoir tel nombre d'Archers,
Sergens,

Sergens, Bedeaux où autres personnes de leur maison qu'ils trouveront a propos d'élire lesquels auront pouvoir de porter épées, &
halebardes.

XIII.

Pourront faire les étrousses & adjudications au rabais de la
fourniture de la Viande necessaire a ladite maison, permettons
ausdits Administrateurs de faire lesdittes étrousses a la chandelle
éteinte suivant l'usage.

XIV.

Maintenons les Recteurs & Administrateurs, dans l'usage de
faire proceder par leurs Officiers aux inventaires & ventes des
meubles des adoptifs & de ceux auxquels l'Hôpital succedera, même de vendre audit cas les immeubles desdits adoptifs aprés le ra-
port de deux experts nommez par nôtre Senechal de Lyon, deux
publications faites sur les lieux & trois a l'Audiance de la Senechaussée de Lyon, le prix desdits meubles & immeubles remis
à qui il appartiendra aprés l'administration finie suivant le compte
qui en sera donné contre lequel & ce qui aura été fait personne
ne pourra revenir, si ce n'est par erreur de calcul.

X V.

Donnons & attribuons ausdits Recteurs tout pouvoir & autho-
rité de direction, administration, connoissance, jurisdiction, Police,
& ce par forme de correction & châtiment seulement sur les Pauvres qui sont dans ledit Hôpital, permis à eux a cet effet d'avoir
Poteaux, Carcans & Prisons, si neantmoins lesdits Pauvres com-
mettent des crimes qui meritent peine afflictive, ils seront remis
au Lieutenant Criminel pour leur être fait leur Procez, enjoint
au substitut du Procureur General d'en faire les poursuittes.

XVI.

Et au cas que les delits commis dans ledit Hôpital & par les
Pauvres d'iceluy ne doivent faire infliger aux coupables que la
peine du foüet où du bannissement, permettons audit cas au
Lieutenant Criminel de les juger en dernier ressort.

B

XVII.

Avons levé les furcéances portées par les lettres d'état & de repi dans les affaires où l'Hôpital aura interêt, & Déclarons celles qui font obtenües nulles fuivant la Déclaration du 23. Mars 1680. & deffenfes à tous Juges d'y avoir égard.

XVIII.

Voulons & entendons que pour la plus grande confervation des biens, affaires, droits, exemptions & Privileges dudit Hôpital, tous les procez & differens concernant iceluy, tant pour les biens & droits, proprietés & revenus, Privileges où exemptions, où execution des prefentes circonftances & dependances en demandant où deffendant, & même en cas d'intervention ou ledit Hôpital fera intereffé pour matiere Civile où Criminelle, perfonnelle, réelle où mixte fans exception, foient traitées en premiere inftance en la Senechauffée & Préfidial reünis a nôtre Cour des Monnoyes de Lyon, & en cas d'apel au Parlement de Paris, fans qu'ils puiffent être traduits ailleurs ny par devant autres Juges quels qu'ils foient, encore que les parties fuffent hors l'eftendüe & reffort defdits Senechauffée & Préfidial reünis a nôtre Cour des Monnoyes de Lyon, leur en attribuant a cet effet toute cour, jurifdiction & connoiffan-ce, & en cas d'apel au Parlement de Paris, & icelles interdifons a toutes autres Cours & Juges.

XIX.

Faifons deffenfes a toutes perfonnes de quelque qualité & con-dition qu'elles foient de faire aucunes pourfuittes pour raifon de ce que deffus contre lefdits Recteurs & Adminiftrateurs dudit Hôpital ailleurs que par devant la Senechauffée & Préfidial réü-nis a ladite Cour des Monnoyes de Lyon en premiere inftance, & en cas d'apel en nôtre Cour de Parlement de Paris, & a tous Juges d'en prendre connoiffance, & leur enjoignons de renvoyer lefdits Procez en ladite Senechauffée & Préfidial reünis a ladite Cour des Monnoyes de Lyon, incontinent fans retenir aucunes des caufes où lefdits Recteurs de l'Hôpital feront parties, a peine de nullité, caffa-tion de procedures, depens, dommages interêts.

XX.

Et afin que lesdits Recteurs & Administrateurs ne puissent être distraits de leurs services & fonctions , voulons que pendant le temps de leur Administration ils ne puissent être assignez pour quelque cause que ce soit qu'en ladite Senechaussée & Présidial , & en cas d'apel au Parlement de Paris , à l'exception neantmoins des affaires qui seront de la Competence de la Conservation & autres Jurisdictions unies au Corps Consulaire , & que lesdits Recteurs soient exempts de tutelle & curatelle pourveu qu'ils soient nommez avant quelles soient ouvertes, ensemble de tous guet & garde, logement de gens de guerre & generalement de toutes charges publiques.

XXI.

Pour le regard du Secretaire dudit Hôpital comme aussi des autres Officiers & Domestiques , nous leurs accordons par le même motif ainsi qu'ausdits Recteurs & Administrateurs le Privilege de garde gardienne par devant la Senechaussée & Présidial réünis a nôtre Cour des Monnoyes de Lyon , sans qu'ils puissent être divertis ailleurs , soit en demandant, deffendant , ou en cas d'intervention pour quelque sorte de matiere que ce soit sans exception tant & si longuement qu'ils serviront audit Hôpital.

XXII.

Permetons aux Directeurs , Questes , Trons , Bassins , Grandes & Petites Boëtes en toutes les Eglises , Carrefours & lieux Publics de la Ville , Fauxbourgs & Senechaussées de Lyon , comme aussi les questes du linge pour les Pauvres suivant l'usage , faisant deffenses à toutes autres personnes & communautez sous quelque pretexte que ce soit de quester pendant la queste du linge.

XXIII.

Confirmons les Reglemens cy-devant faits par lesdits Recteurs & Administrateurs , & leurs permetons de faire a l'advenir tous Reglemens de Police & statuts non contraires a ces presentes , pour le gouvernement & direction interieure dudit Hôpital , soit pour

l'établissement & subsistance desdits Pauvres ou pour les mettre
a leur devoir, lesquels Reglements & statuts nous voulons être gar-
dez, observez & entretenus inviolablement par tous ceux qu'il
appartiendra.

XXIV.

Ordonnons que la nommination des Recteurs & Administrateurs
sera faite en la maniere accoûtumée aprés quelle aura été agrée
par les Prévôt des Marchands & Echevins, ainsi qu'il à été pra-
tiqué jusqu'à present.

XXV.

Confirmons les lettres patentes accordées au mois d'Août 1618.
& Novembre 1620. Et voulons en consequence que le Chirurgien & l'Apotiquaire qui auront servi dans nôtre dit Hôpital pendant six années entieres & consecutives, puissent aprés ce temps
être reçûs Maîtres dans la Ville sans être sujets aux formalitez
portées par les statuts & Reglements de leur art, & qu'ils joüissent
des mêmes Privileges & prérogatives dont jouissent les autres Maîtres de ladite Ville, en subissant toutes fois un examen dans ledit Hôpital en presence d'un Medecin, d'un Chirurgien & d'un
Maître Apotiquaire plus ancien, lequel examen sera fait par devant le Prévôt des Marchands & Eschevins de nôtre Ville de Lyon
& les Recteurs dudit Hôpital, pour ledit examen & serment fait
être receus Maîtres.

XXVI.

Et comme nous sommes informez qu'il y à actuellement plus
de deux mille Enfans exposez a la charge dudit Hôpital, & que
la depense que l'on y fait pour eux absorbe seule les revenus ordinaires de ladite maison, nous ordonnons que ceux qui seront convain-
cus d'avoir exposé ou fait exposer des Enfans soient punis suivant
les Ordonnances, Permetons ausdits Administrateurs de faire ar-
reter aux portes de Lyon les Etrangers ou autres qui y introdui-
ront des Enfans pour les exposer, faisant très expresses deffenses aux
Commis des Portes, Ports & passages de ladite Ville d'y laisser entrer d'autres Enfans que ceux qui seront amenez pour être rendus
aux Peres & Meres de la Ville par les nourrissiers, & a tous Ba-

telliers & Voituriers de les introduire dans la Ville par Eau où autrement n'y favoriser leur entrée, a peine d'être procedé contre eux extraordinairement, faisant pareilles deffenses aux Habitans de ladite Ville de donner azile aux Quaimens, Mandians, & à tous ceux qui seront porteurs desdits Enfans sous pretexte de Charité où autrement, sous pareille peine de cinq cens livres d'amande applicable audit Hôpital, enjoignons au substitut de nôtre Procureur general de faire les poursuittes necessaires contre les Expositeurs desdits Enfans, & tous ceux qui aideront & participeront a les faire exposer.

XXVII.

Voulant faire joüir pleinement & paisiblement les Pauvres dudit Hôpital General ou Grand Hotel-Dieu de Lyon, des Privileges à eux accordez par les Roys nos predecesseurs notemment par François premier, nous avons maintenu & gardé, maintenons & gardons ledit Hôpital dans l'exemption de tous subsides, impositions, droits de Doanne, traites foraines, droits d'entrée tant à la Ville qu'ailleurs par Eau & par Terre, specialement sur le Rhône & la Saône, des ports & passages, Octroys de Ville & Province, Barrages, Ponts, Peages, droits Daydes & Gabelles mis & a mettre, droits de Mouleurs de Bois, Aydes Mouleurs, & de tous autres droits & impositions generalement quelconques & sans aucune exception qu'elle quelle soit, crées ou qui pourroient l'être dans la suitte, soit qu'ils nous appartiennent, ou qu'ils appartiennent à des Seigneurs particuliers, ou aux états de quelques Provinces soit de Bourgogne ou autres de nôtre Royaume, a titre gratuit ou onereux de tous lesquels droits que nous voulons être icy tenus pour rappellez specifiquement, nous avons tout de nouveau & en tant que de besoin exempté, affranchy & dechargé, affranchissons & dechargeons les vivres & provisions tant en Vin & Eau de Vie, que Blés & Legumes, qu'en Bois a brûler & a bastir, Charbons, Foins & autres denréés & comoditez necessaires & utiles, Drogues, Huilles, Epiceries & marchandises generalement quelconques qui seront portées & conduites dans ledit Hôpital, pour la nourriture & entretien, secours & assistance des Pauvres, Officiers & Domestiques

de la ditte maison sur les Certificats Signez de trois Administrateurs, *quoy qu'il soit porté par les Edits & Declarations que les
droits seront payez par les privilegiez & non privilegiez, exempts &
non exempts, a quoy pour ce regard nous avons derogé & derogeans en
faveur dudit Hôpital*, & faisons très expresses inhibitions & deffenses à tous commis & préposez à la levée desdits droits d'en exiger
aucuns dudit Hôpital, a peine de restitution du quatruple & de
tous depens, dommages & interêts.

XXVIII.

Ordonnons que ledit Hôpital & les lieux en dependant tant à
la Ville qu'a la Campagne les Administrateurs & Officiers d'iceluy, ses Fermiers, Grangers, Commis & prepofez a la regie des
biens des Pauvres, soient & demeurent exempts de tous droits de
guet & garde, fortifications, boües, lanternes & chandelles,
canal, fermetures de Ville, logement & passage de gens de guerre, & de toutes contributions generalement quelconques pour
affaires Publiques où particulieres, & qu'ils jouissent de l'exemption de la Taille, Taillon, & Subsistances, Ustancilles, deniers
ordinaires impofez où à imposer soit pour nous, soit pour charges
de Ville, Parroisse ou autrement, & de toutes autres impositions
anciennes & nouvelles, même dans le Pays où la Taille est réelle
pour les biens que ledit Hôpital possede maintenant francs &
exempts de Tailles, & pour ceux qu'il pourra y acquerir cy aprés,
& qui au temps de l'acquisition se trouveront pareillement francs
& exempts, sans que lesdits Fermiers, Grangers, Locataires,
Commis & prepofez puissent être impofez a ladite Taille, pour
raison desdits fonds appartenans audit Hôpital, directement
ny indirectement sous pretexte d'industrie où autrement, sans
neantmoins que les biens qu'il acquerra à l'advenir dans les
lieux où la Taille est réelle qui y seront sujets en puissent être
exempts.

XXIX.

Maintenons ledit Hôpital dans l'exemption de tous droits
d'amortissement, franc fiefs nouveaux acquets, droit d'enregistre-

ment, huitiéme & sixiéme denier , droit de ban & arriereban ,
pied dans l'Eau & autres qui pourroient nous appartenir , faisons
deffenses à tous Fermiers traitans & autres chargez du recou-
vrement desdits droits , de faire aucunes contraintes , poursuites ,
ny dilligences pour raison de ce.

X X X.

Voulons que ledit Hôpital joüisse pareillement de l'exemption des decimes , Capitation , dixiéme Royale , dons gratuits ,
subventions du Clergé & autres semblables droits , & de faculté
de se servir de Papier non timbré pour tous leurs Certificats,
Billets, Actes & Regiſtres, a l'exception des procedures de Juſtice & des Actes paſſez devant Notaires qui feront écrites fur
du Papier timbré.

X X X I.

Confirmons les Pauvres dudit Hôpital dans l'exemption des
droits d'inſinuations & centiéme denier , a eux accordée par Arrêt du Conſeil de nôtre très honoré Seigneur & Biſayeul du
dixiéme Août 1706. Voulons en outre qu'ils ſoient exempts de
tous droits de grand Sceau & petit Sceau , pour tous les Jugemens, Sentences & Arrêts , & tous les Actes paſſez par devant
Notaires ou de main privée, & Exploits qui feront faits ou rendus en faveur des Pauvres dudit Hôpital , deffendons à tous
Commis, Receveurs & prepoſez a la perception deſdits droits d'en
exiger aucun deſdits Pauvres à peine de concuſſion , leur ordonnons d'enregiſtrer, inſinuer & ſceller gratis tous les Actes de
quelque nature qu'ils ſoient faits en juſtice où par Notaires où
de main privée , lors qu'ils feront à l'avantage des Pauvres dudit
Hôpital , les affranchiſſons encore de tous droits de preſentation,
ſoit qu'ils ſe preſentent en qualité de Demandeurs , ou en qualité
d'aſſignez & de Deffendeurs , faiſons très expreſſes deffenſes a
tous prepoſez a la perception deſdits droits d'en exiger aucun des
Pauvres dudit Hôpital a peine de concuſſion & de la reſtitution du
quatruple.

XXXII.

Maintenons pareillement les Pauvres dudit Hôpital dans le droit de franc falé dont ils jouiffent actuellement & conformement aux Eftats arreftez au Confeil le 25. Juin 1657. fuivant lefquels il fut fait un fonds pour trente Minots de fel en faveur dudit Hôpital, & comme depuis laditte année 1657. le prix du fel a augmenté, les Receveurs de nos Greniers de Lyon ont exigé cette augmentation des Pauvres en leur délivrant leur franc falé, voulons qu'à l'avenir a commencer au premier Octobre prochain lefdits trente Minots de fel foient delivrez audit Hôpital francs & exempts de toutes fortes d'augmentations de droits prefens & avenir, & fans frais de quelque nature qu'ils foient, faifons deffenfes a tous Receveurs de nos Greniers, & a tous prepofez & Commis de rien exiger fous quelque pretexte que ce foit pour lefdits trente Minots d'ancien franc falé accordez audit Hôpital a peine de concuffion.

XXXIII.

Avons prorogé & prorogeons la levée & perception des anciens & nouveaux Octroys accordez audit Hôpital par les lettres patentes du 9. Juillet 1691. du feu Roy nôtre très honoré Seigneur & Bifayeul pour neuf années entieres & confecutives qui commenceront au premier Janvier 1720. jour auquel finira la prorogation accordée audit Hôpital dudit Octroy par Arrêt du Confeil du 13. May 1710. Et lettres patentes fur icelui du 24. Août de laditte année, & finiront lefdites neuf années au dernier Decembre 1729. pendant lequel tems il fera levé par lefdits Directeurs trois fols par anée fur le Vin du cru de la generalité & enclos de la Ville de Lyon, douze fols fur le Vin Étranger en entrant dans laditte Ville & qui y fera confommé, & quatre fols feulement par anée de Vin paffant debout par laditte Ville, pour être les deniers en provenans employez a la nourriture, entretien & traitement des Malades dudit Hôpital.

XXXIV.

XXXIV.

Ordonnons a nos Gouverneurs, Lieutenant General, Senechal ou son Lieutenant ou autres Officiers de nos Provinces, de tenir la main à l'execution des presentes.

XXXV.

Si donnons en Mandement à nos Amez & feaux Conseillers les Gens tenans nôtre Cour de Parlement, Chambre des Comptes, & Cour des Aydes de Paris, & toutes nos autres Cours, Sénéchaussée, Présidial réünis à nôtre Cour des Monnoyes de Lyon, que ces presentes ils fassent enregistrer, garder, observer & entretenir selon leur forme & teneur & fassent joüir ledit Hôpital du contenu en icelles sans trouble ny empechement, nonobstant oppositions ou appellations quelconques, *derogeons expressement à tout ce qui pourroit être contraire a ces presentes, & au derogatoire des derogatoires*, voulons qu'aux Copies collationnées des presentes, ou de quelques Articles d'icelles par un de nos Amez & feaux Conseillers & Secretaires, foy soit ajoûtée comme à l'Original, & qu'icelles en tout ou en partie lesdits Administrateurs puissent faire publier & afficher avec l'empreinte de nos armes par tout ou besoin sera. Car tel est nôtre plaisir, & afin que ce soit chose ferme & stable a toûjours nous avons fait mettre nôtre Scel à ces presentes. Donne' à Paris au mois d'Aoust l'an de grace mille sept cent seize, & de nôtre Regne le premier, ainsi Signé, Loüis, *& plus bas* par le Roy, le Duc d'Orleans Regent present, Signé Phelypeaux avec grille & paraphe, & encore *plus bas* Veu au Conseil Signé Villeroy, & à côté est écrit Visa Signé Voisin.

Regiftrées oüy le Procureur General du Roy pour joüir par ledit Hôpital & Hôtel-Dieu de Lyon, les Recteurs & Administrateurs d'icelui, & leurs successeurs de l'effet & contenus en icelles, & être executées selon leur forme & teneur, suivant l'Arrêt de ce jour, à Paris en Parlement le neuf-viéme jour de Juillet mille sept cent dix-sept, Signé Gilbert.

C

Regiſtrées en la Chambre des Comptes, oüy le Procureur General du Roy pour joüir par les impetrants de l'effet & contenus en icelles ſelon leur forme & teneur ſuivant l'Arrêt de ce jour, fait le trentiéme Aouſt mille ſept cent dix-ſept, Signé NOBLET, & Controllé.

Regiſtrées en la Cour des Aydes oüy le Procureur General du Roy pour être executées ſelon leur forme & teneur, & joüir par les impetrants de l'effet y contenu, & aux charges y portées, à Paris le onziéme de Septembre mille ſept cent dix-ſept, Signé ROBERT.

Collationné à l'Original par Nous Ecuyer Conſeiller Secretaire du Roy, Maiſon Couronne de France, & de ſes Finances.

pour evoquer du parlement de Dauphiné les proces muets et a memoir
et les faire renvoier au plus proche
parlement non suspect Il faut
faire voir que la partie averse qui
est du Corps du parlement et titul-
aire y a tant de parents ou que net-
aut parent du parlement elle en
a tant
Il faut au parlement du Dauphin-
au premier et au second cas trois ou quatre parents
Il en est de meme pour la Cour des
aides de Grenoble

les Conflit de Juris diction dentre les
premiers Juges qui ressortissent en
mesme parlement ou autre Cour se reglent et se Jugent par voie dappel a la x
Juris diction supperieure quand il s'agit
dun proces Criminel

n ne forme le reglement de Juges en
matiere Criminelle que les quen deux
sont independantes lune de lautre et
non ressortissantes en meme Cour
il a eté informé et decreté pour raison
du meme fait et entre les memes parties

en ce cas est il neressaire que lacusé
Contre lequel il y a originairement un
decret de prise de Corps et qui demande
le reglement de Juges sattactuellement
prisonnier dans les prisons du Juge qui
a decerné le decret

on obtient de meme quen matiere
Civile des lettres ou un arrest et il ny a de
particulier quune Clause
portant que linstruction sera Cont
inuee en la Jurisdiction qui sera
commise Jusques a Jugement defi
nitif exclusivement

il nest permis aux acusés qui ont eté
deboutés des declinatoires par eux
proposés de se pourvoir en reglement
de Juges que quand un autre
juge a l'informé et decreté pour
le meme fait

si les gens du roi dun parlement et Ceux
dune Cour des aides ou sest formé le
conflit salla dent et reglent la
Competence Ils font la loi aux parties
et si au Contraire ils ne sallardent
pas, il est libre aux parties de se pour
voir au Conseil pour etre reglés

Il y a lieu de se pourvoir en règlement
de juges lorsque deux cours souveraines
ou deux autres jurisdictions inférieures
indépendantes l'une de l'autre et qui ne
ressortissent en même cour sont saisies
d'un même différent

C'est par ce que au premier cas une cour
souveraine ne fait pas la loi à l'autre et
qu'il est nécessaire que le conseil pour
empêcher a peut faire cesser la contr-
ariété de deux jugements s'accorde les
parties sur le conflit de jurisdiction
et qu'au second cas le conflit ne peut
être jugé que par le conseil à
cause que les parties ne se trouvoient pas
d'affaire par les appellations qu'elles
pouvoient s'interjetter

L'assignation ne peut être donnée au
conseil qu'on né fait en obtenir la permi-
sion par des lettres de la grande chancell-
erie ou par un arrest du conseil

Il ne faut point un règlement de juges si
les deux justices inférieures ressortissent en
la même cour souveraine. Si il y a par
exemple un conflit entre le vi bailli
de Vienne et les élus de la même ville le
parlement du Dauphiné réglerait la
jurisdiction sur les appellations respect-
ivement interjettées par les parties des
deux sentences rendues sur un même
différent

Si on prétend ne devoir pas proceder dans
une cour souveraine et que la cause y soit
retenue nonobstant le renvoi requis dans
une autre il faut se pourvoir au conseil ou
au sçeau et obtenir des lettres ou un arrest
pour faire assigner la partie adverse aux
fins du renvoi requis